AF232851

DISCOURS

Prononcé à l'Assemblée Nationale

SUR

LE DROIT AU TRAVAIL

Par M. Thiers.

(Conforme au Moniteur.)

R. F.

PARIS,

MICHEL LÉVY, FRÈRES, LIBRAIRES-ÉDITEURS,
Rue Vivienne, 1.

—

1848.

Paris. — Imp. Lacrampe et Fortiaux, rue Damiette, 2.

DISCOURS

LE DROIT AU TRAVAIL

PAR M. THIERS.

Citoyens représentants, je viens à mon tour user du droit dont vous usez tous de contribuer à la constitution qui doit faire les destinées de notre pays. Mes amis et moi, nous attachons à cette constitution une grande importance. Nous n'avons pas fait, nous n'avons pas désiré la République, nous l'acceptons. (Agitation.)

Mes amis et moi, nous attachons, ai-je dit, une importance à cette constitution ; nous n'avons pas désiré, nous n'avons pas fait la République, et nous l'acceptons loyalement, sincèrement. Pour tout homme de bon sens, pour tout honnête homme, le gouvernement légal du pays est toujours digne de tous ses respects. Nous n'avons jamais conspiré, nous ne conspirerons jamais. (Très-bien ! très-bien !)

Chaque jour nous ferons de notre mieux pour que les affaires du pays s'accomplissent régulièrement et bien.

Nous n'avons ni flatté ni trahi la royauté, nous ne flatterons ni ne trahirons la République. (Nouvelles marques d'approbation.) Nous lui dirons la vérité. Nous avons trouvé quelquefois des difficultés à la dire, à la faire entendre ; ces difficultés ne nous ont jamais découragés, elles ne nous décourageront pas davantage encore.

La forme dans laquelle nous cherchions à faire le bien du pays est brisée ; ce bien, nous le poursuivrons encore sous la forme actuelle comme sous la précédente.

Nous avons, dans tous les temps, désiré la liberté, non pas celle des factions, mais celle qui consiste à mettre les affaires du pays à l'abri de la double influence et des cours et des rues. Nous avons désiré la bonne administration des finances, la grandeur du pays, une politique nationale ; nous poursuivrons tout cela dans l'avenir comme dans le passé. (Sensation.)

Maintenant, Messieurs, qu'il s'agit d'une des questions les plus graves, les plus essentielles pour l'avenir de cette République, car il s'agit de l'article le plus important de sa constitution, nous vous demandons de vous dire la vérité en toute sincérité ; car, sur aucun sujet. vous n'avez eu autant besoin de l'entendre tout entière. (Mouvement.)

S'il s'agissait d'une question d'économie politique, je ne monterais pas à cette tribune. Tous les jours, j'entends une nouvelle économie politique, bien fière d'elle-même, accuser l'ancienne économie politique, la traiter avec amertume, avec mépris. S'il ne s'agissait que de cette question, je ne prendrais pas aujourd'hui la parole. Je ne suis ni professeur ni disciple de l'ancienne économie politique. Je la respecte comme une science consciencieuse, honnête, qui n'a jamais cherché à tromper le peuple, qui n'est pas responsable du sang qui a coulé ; mais, je le répète, je ne suis pas un de ses adeptes.

Il s'agit, non pas d'une question de tarif. d'une question économique, il s'agit d'une question sociale, politique, philosophique. métaphysique, d'une question qui a tous ces caractères : il ne faut lui en refuser aucun, car elle les a tous.

Il s'agit, Messieurs, d'une question sociale, et vous savez quelle immense gravité, au milieu des événements qui ont agité la France, et qui agitent le monde, la question sociale a acquise.

Je vous demande, autant qu'il est permis de le faire dans un discours, devant une assemblée nombreuse, et avec des forces insuffisantes, de traiter cette grave question, de la traiter franchement, complétement, clairement, si je le puis, car jamais il n'a été plus important de s'entendre, de s'entendre complétement, et de savoir sur quoi l'on diffère.

On dit : le peuple souffre. Oui, messieurs, il faudrait être bien barbare, bien cruel, pour le méconnaître ; mais je m'adresse à cette science nouvelle, si fière d'elle-même. Le peuple souffre, qu'avez-vous trouvé pour lui ? Si vous avez autre chose que des généralités dangereuses et souvent funestes, si vous avez un secret, un moyen pratique, vous seriez coupables de ne pas l'apporter à cette tribune, et nous vous écouterons toutes les fois que, sans ébranler les principes sociaux, sans nous montrer une malveillance qui nous révolte, vous viendrez ici nous parler humainement, sensément, nous écouterons avec une intention, qui est égale chez tous, d'arriver à la vérité ; nous vous écouterons, l'orateur qui descend de cette tribune en est la preuve. Mais moi, au nom de la société en péril, je viens vous demander quels sont vos remèdes ? Vous accusez l'ancienne économie politique, les anciens hommes d'État, de n'avoir pas amélioré le sort du peuple. Je vous dis de nouveau : Quels sont vos moyens ? Voilà la question que je vous adresserai sans cesse. Il y a cinq mois que nous sommes réunis en assemblée ; quant à moi, j'ai écouté toujours avec attention les hommes qui passaient pour apporter ici des idées nouvelles ; je les ai écoutés, nous les avons tous écoutés : eh bien ! je le dis en toute humilité, ou mon intelligence m'a fait défaut, ou on n'a rien apporté de nouveau, rien de sérieux, rien que des hommes d'Etat, des hommes pratiques, puissent regarder comme un bien véritable pour le pays ; je vous adresserai donc toujours cette question : Vos moyens ?

Il n'y a rien de plus dangereux, au lendemain d'une révolution, quand ce peuple, dont vous voulez améliorer le sort, mais dont quelquefois aussi vous flattez les passions, quand ce peuple s'est emparé du pouvoir, il n'y a rien de plus dangereux que de lui dire qu'il y a quelque part un bien, et que de méchants détenteurs le retiennent dans leurs mains, et ne veulent pas le lui accorder ; il y a à cela un grand danger. Il faut donc, et c'est un devoir pour tous, il faut être clair, positif, et, si on a des moyens, les apporter à cette tribune. Eh bien ! je viens, non pas au nom de l'ancienne économie politique, dont je le répète, je ne suis ni l'adepte ni le professeur, je viens au nom de quelque chose de plus sacré, au nom de la société, vous demander compte de vos moyens, les examiner ; mais avant, je vais vous exposer, le plus brièvement que je pourrai, les principes essentiels sur lesquels, non pas la société d'hier, non pas la société antérieure à 1789, non pas la société de tel ou tel pays, mais la société de tous les pays et de tous les temps, a reposé ; je vais vous exposer ces principes brièvement, le plus brièvement que je pourrai.

Je mettrai en regard ce que, depuis quelques années, ce que, depuis six mois, on a mis en présence des moyens de la vieille société, et nous jugerons le sérieux et la fécondité des uns et des autres.

Eh bien ! la vieille société, car ce n'est que pour elle que je parle, et, quand je dis la vieille société, ce n'est pas la société aristocratique de telle ou telle époque, celle qui se caractérisait par les droits féodaux de l'ancien régime, ce n'est pas la société des 300,000 électeurs du régime renversé : je parle de la société de tous les temps ; cette société éternelle, sur quelles bases a-t-elle toujours reposé ? Sur trois principes : la propriété, la liberté et la concurrence. Permettez-moi d'expliquer en peu de mots ces trois principes.

La propriété.... Je ne viens pas, messieurs, apporter à cette tribune un livre que j'ai fait ; j'en serais tenté peut-être. (Les regards se portent sur les bancs où siége le citoyen Pierre Leroux. — On rit.) Je ne toucherai que les points essentiels des choses.

On recherche quel est le principe de la propriété. Suivant moi, le voici : ce principe, c'est le travail. L'homme, sans le travail, est le plus misérable des êtres. Dieu l'a grandement doué ; mais, avant d'avoir exercé les facultés puissantes qu'il a reçues, il est le plus misérable des êtres ; il n'est quelque chose que par le travail ; la société est comme lui misérable sans le travail ; eh bien ! la nature, la société, lui ont dit : Travaille, travaille ! et tu seras assuré de conserver le fruit de ton travail. Voilà le principe vrai, essentiel, de la propriété. Travaille, lui dit la société, travaille, et tu seras assuré du fruit de ton travail !

Quand elle lui a dit cela, elle lui a donné un stimulant puissant.

Mais il faut que ce stimulant soit infini, et elle ajoute : Travaille, travaille ! et le produit de ton travail sera pour toi et tes enfants. Et alors son ardeur est infatigable ; il travaille jusqu'au dernier jour de sa vie ; il a toujours un but à son ardeur. (Très-bien ! très-bien !)

Voilà le principe. (Interruption.)

Je ne puis pas traiter toutes les questions à la fois ; j'arriverai à ce qui vous préoccupe. Par la propriété personnelle, le stimulant est puissant ; par la propriété héréditaire, il devient infini.

Maintenant la société a fait cela pour son intérêt, pour l'intérêt de tous, pour l'intérêt de l'individu comme pour l'intérêt de l'ensemble ; et de même qu'elle dit : La liberté est un droit, elle dit avec le même fondement : La propriété est un droit.

Sur quoi, en effet, vous fondez-vous pour dire que la liberté est un droit ? Sur l'observation de la nature humaine, sur l'observation des faits. Vous voyez un homme doué d'intelligence ; vous voyez cette intelligence en lui, s'il n'est pas libre, s'abaisser, disparaître ; si elle est plus forte que la tyrannie qui pèse sur lui, cette intelligence se révolte, elle arrive aux séditions ;

et après avoir vu 'homme s'abaissant s'il est opprimé, quelquefois se révoltant, vous dites : L'homme doit être libre.

Après avoir observé la société, après avoir vu que, sans le travail, elle reste misérable, avec le même fondement, vous dites : la propriété est un droit, comme vous avez dit : la liberté est un droit.

On cherche si l'origine de ce droit est humaine ou divine. Question de mots ! Ceux qui croient que cet univers est l'œuvre d'un être suprême doivent dire qu'elle est à la fois humaine et divine.

Voici comment il faut entendre le droit de propriété pour le rendre essentiellement respectable. Ce droit n'est pas de ceux qui passent, de ceux qui sont quelquefois admis dans une société, méconnus dans une autre ; non, c'est un droit tellement inhérent à la nature humaine, tellement essentiel à la société, qu'il est dans tous les états : dans l'état sauvage, dans l'état barbare, dans l'état de demi-civilisation, dans l'état de civilisation complète ; il est partout, parce qu'il est dans la nature humaine, et à ce titre-là on est fondé à dire qu'il est divin ; mais qu'importe l'expression qu'on emploie ? il est partout, et cela suffit. S'il y avait des législateurs assez insensés pour ne pas l'écrire dans leurs lois, ô législateurs d'un jour, l'avenir bafouerait votre ouvrage, vos lois passeraient, il n'y aurait d'éternel que votre ignominie. (Approbation.)

M. de Lamartine vous le disait ces jours derniers, quand on parcourt tous les pays, on est frappé de ce fait, c'est que la propriété est proportionnée au respect que la propriété y obtient. Remontez au moyen-âge, allez en Orient, qui est la société du moyen-âge vivante encore, qu'y trouvez-vous !...

La prospérité toujours proportionnée au degré de respect que la propriété a obtenu.

Vous y voyez ceci par exemple : la terre négligée, parce qu'elle est le plus exposée à la rapacité du despotisme, et le plus souvent abandonnée à des mains esclaves ; le commerce préféré, parce qu'il peut plus facilement se soustraire à la tyrannie; dans le commerce, les valeurs mobilières, telles que l'or, l'argent, préférées aussi, parce qu'elles sont faciles à cacher; vous y voyez ces valeurs, faciles à cacher, dans les mains d'une race proscrite; vous y voyez cette race se venger, quand on veut lui enlever ses trésors qu'elle cache, se venger, savez-vous par quoi? par l'usure.

Au contraire, que la propriété soit respectée, et toutes les valeurs sont replacées à leur taux naturel; la terre reprend l'importance qu'elle a dans le commerce; ce n'est plus telle ou telle industrie qui est préférée : elles sont toutes, suivant leur valeur, également pratiquées; l'argent ne coûte plus ce qu'il coûtait, l'intérêt baisse, et cette race proscrite, revenue à la dignité naturelle, est l'égale de toutes les autres.

Qui est-ce qui a fait cela? Le respect de la propriété.

Et lorsque les Turcs sont venus ici demander des conseils à la civilisation, que leur a-t-on dit? De proclamer, pour premier principe, dans la charte de Gulhané, la propriété. Voilà le principe de la société, sans lui point de sécurité, pas de travail !

Le second principe, sur lequel la vieille société a reposé, c'est la liberté; et, par la liberté, permettez-moi de faire une distinction nécessaire ici, je n'entends pas parler de la liberté politique, j'entends la liberté sociale, celle qui consiste à disposer de ses facultés comme on l'entend, à choisir une profession, à se consacrer à la terre, au tissage, à la métallurgie; en un mot, à choisir sa profession. La vieille société dit à l'homme : « Tu es libre; travaille, travaille à tes risques et périls; si tu travailles avec application, avec habileté, tu seras riche ou pauvre; ta destinée dépend de toi. » La société lui impose des lois sans doute; elle lui dit quelles doivent être les lois des contrats; elle lui dit même quelles doivent être les lois de la société politique; mais elle lui répète : « C'est à tes risques et périls que tu travailles; tu es libre, tu seras heureux ou malheureux, riche ou pauvre, selon ta conduite; cela dépend de toi. » Et qu'arrive-t-il? cette société marche d'après ce principe, et il arrive qu'en effet vous avez des riches et des pauvres, des heureux et des malheureux.

Oui, il y a des hommes à qui le travail a réussi, parce que Dieu les avait bien doués, ou parce qu'ils ont été appliqués, parce qu'au talent ils avaient joint la vertu.

Quelquefois il est arrivé qu'après avoir été longtemps riches, heureux, parce qu'il leur a manqué une dernière qualité, la prudence, certains hommes, après avoir été riches, cessent de l'être.

Et voyez cette scène, cette scène animée qu'on appelle le spectacle du monde : celui qui était pauvre devient riche, celui qui était riche devient pauvre. Cette condition atteint tout le monde, les rois comme les princes, les hommes de toutes les classes de la société. C'est la liberté, c'est l'homme livré à lui-même, exerçant ses facultés à ses risques et périls, réussissant ou ne réussissant pas.

Lisez les œuvres du grand Frédéric, et vous verrez ce que peut être le travail des princes.

Le troisième principe, c'est la concurrence, c'est-à-dire l'émulation. La société dit à l'homme : Travaille, travaille à tes risques et périls. Elle lui dit autre chose encore : Tâche de faire mieux que ton voisin ; regarde, observe de quelle manière il s'y prend, de quelle manière il travaille ; tâche de faire mieux. Si tu fais mieux, eh bien ! l'acheteur ira à toi ; si tu l'attires par des produits meilleurs ou plus économiques, tu l'emporteras sur lui. — Et, grâce à cette émulation, qu'arrive-t-il ?

C'est que la société fait tous les progrès que vous lui avez vu faire depuis plusieurs siècles. C'est par cette concurrence, c'est par cette émulation de mieux faire qu'on a substitué à la force des bras la force de la vapeur. Nous avons vu, depuis cinquante ans, les merveilles de cette émulation industrielle ; nous avons vu, par exemple, des produits qui coûtaient cent, coûter aujourd'hui vingt et trente.

Nous avons vu tous, dans notre enfance, pardonnez-moi d'entrer dans des détails qui sont vulgaires, mais qui sont essentiels, parce qu'ils expliquent la marche des choses; nous avons vu les cotons arriver de l'Inde, filés avec une perfection merveilleuse, par des mains qui semblaient les mains des fées; je les ai vus, et ceux qui sont de mon âge les ont vus aussi; et aujourd'hui, grâce aux machines, grâce à cette concurrence, grâce aux efforts qu'on a faits pour se surpasser, nous renvoyons aujourd'hui ces cotons filés à l'Inde, que nous avons imitée, et que nous avons ruinée en l'imitant.

Voilà le résultat de cette émulation qu'on appelle la concurrence.

Ce n'est pas seulement ce produit qui a fait des progrès extraordinaires, ce sont tous les produits à la fois.

Est-il vrai, comme on le dit, que ce soit le peuple qui paye les frais de cette concurrence? Vous allez en juger. Il s'est passé là un phénomène admirable, qui prouve la sagesse des lois de la Providence.

Tandis que, par cette concurrence, qu'il faut appeler de son vrai nom, par cette émulation industrielle, on est parvenu à procurer à la société tous les produits en plus grande abondance et à meilleur marché, savez-vous quel a été le sort des ouvriers? Je ne veux pas taire leurs maux, les dissimuler, et vous rendre indifférents à eux; je ne le veux pas plus que mes honorables collègues qui siégent là (L'orateur montre la gauche); mais enfin, quand vous les poussez au désespoir, permettez-moi de les rassurer un peu, en leur montrant le meilleur avenir qui les attend. Savez-vous ce qui est arrivé aux ouvriers par cette admirable loi dont je parlais tout à l'heure? Ils ont fait les deux bénéfices de cette concurrence: d'abord, ils sont plus payés, et je vous le prouverai par des chiffres, car il faut apporter des chiffres dans cette question; ils sont, dis-je, plus payés. Pourquoi le sont-ils davantage? Parce que ces machines, qu'on doit à la concurrence, chargées en quelque sorte du métier de bête de somme, ont laissé à l'homme un travail plus relevé. L'ouvrier est plus payé depuis quarante ans, depuis cinquante ans ; je vous le prouverai tout à l'heure. A côté de cela, il est consommateur autant que producteur ; et, tandis qu'il est payé davantage, il dépense moins pour son entretien (Mouvement), pas sur tous les objets, mais sur la plupart.

Messieurs, j'ai fait, comme homme public, je fais encore tous les jours comme individu une enquête incessante sur l'état des classes laborieuses, sur les conditions du travail, de la production, car ces hommes d'Etat que vous appelez indifférents ou ignorants des conditions du bien-être populaire se sont sincèrement appliqués à cette tâche, s'ils ne l'ont pas toujours bien résolue ou bien comprise ; je fais, dis-je, une enquête perpétuelle, et voici des faits que j'avance comme certains, et je voudrais que, dans une question pareille, on entreprît avec toute la puissance de l'Assemblée une grande enquête sur la situation des classes laborieuses, non pas faite dans les localités, mais faite par des hommes choisis dans le sein de l'Assemblée, et que tous les faits fussent vérifiés. Vous verriez combien de mensonges volontaires ou involontaires ont été accumulés sur cette désolante question, qui peut bouleverser l'univers. (Très bien ! très-bien !) Eh bien ! voici des faits certains. Je vais prendre les diverses professions.

L'ouvrier des champs, qui est placé aux portes de Paris... et le progrès que je vais vous montrer dans les campagnes autour de Paris existe aussi dans les provinces les plus pauvres, à un degré moindre, il est vrai.

Avant 1789, le manouvrier aux portes de Paris gagnait 20 à 24 sous par jour ; en 1814, il en gagnait 30, quelquefois plus. Savez-vous combien il gagne aujourd'hui ? 40 sous. (Mouvement.)

Laissez-moi exposer les faits. Songez, Messieurs, que la question que nous traitons est la plus grave qu'il y ait au monde, et que si on se borne toujours à des généralités qui ne se comprendront pas les unes les autres, qui se repousseront sans se pénétrer, nous n'arriverons jamais à la vérité. (C'est vrai !)

Permettez-moi donc d'abord les faits, de les analyser, et nous généraliserons ensuite. Je ne suis pas servilement attaché aux faits, je veux la généralisation, mais après les faits. Je vais examiner les salaires, j'examinerai ensuite le prix des objets de consommation, car je n'aurais traité qu'un côté de la question si je ne faisais pas ces deux choses.

Eh bien ! à quelques lieues de Paris, le manouvrier qui gagnait 24 sous en gagnait 30 en 1814, et, grâce à trente années de paix, il en gagne 40 aujourd'hui.

Le tisserand qui gagnait 30 sous, non pas aux portes de Paris, mais à Rouen, à Lille, en gagne 40. (Rumeurs de dénégation à gauche.)

Voulez-vous la vérité ? (Oui ! oui !) N'aimez-vous donc que la misère ? Ne voulez-vous que ce tableau-là ? (Parlez !) Eh bien ! la misère, je ne la nie pas, mais tout n'est pas misère, heureusement. Et si avec vos paroles, et en noircissant la situation, vous pouviez améliorer le sort de l'ouvrier, à la bonne heure ! Mais savez-vous ce que vous faites ? Vous inspirez le désespoir, vous faites verser le sang ? (Vive approbation à droite.)

Je n'injurie personne, j'apporte des faits. Croyez-vous que ce soit aujourd'hui, pour le besoin de cette discussion, que j'ai recueilli ces faits ? L'année dernière, un peu avant cette époque, j'étais membre d'une commission de douanes ; j'ai poussé mes collègues à faire une enquête sur toutes les industries ; nous les avons toutes appelées, toutes entendues, contradictoirement. Depuis je n'ai cessé de rechercher les faits, j'ai des masses énormes de documents ; c'est sur ces faits que je vous apporte des chiffres ; qu'on les conteste, je les rétablirai ; mais c'est là la vraie question. (Oui ! oui !)

Je dis et j'affirme que le tisserand qui gagnait 30 sous en gagne 40 ; que le fileur qui en gagnait 40 en gagne 50, et quelquefois 3 francs. Voilà pour la filature.

Pour la métallurgie, si je vous disais à quel point, grâce aux nouveaux procédés, les prix ont changé, vous en seriez surpris, vous les contesteriez bien plus. Il y a à Paris quelques-uns des plus grands établissements qui soient en Europe et en France ; allez-y, si on veut ordonner une enquête, nous irons tous, nous verrons les faits.

Eh bien ! voici ce que j'affirme. Grâce aux perfectionnements, grâce à ces améliorations, filles de la concurrence, de l'émulation, dans la métallurgie, à Paris, les prix ont doublé, triplé quelquefois. Un tourneur, nn forgeron, un ajusteur, je prends les noms spéciaux des professions, qui gagnaient 3 fr., gagnent aujourd'hui 5, 6 et 7 fr. Il y a une profession dans la métallurgie, les mouleurs, qui arrivent à gagner jusqu'à 8 et 10 fr. Mais, messieurs, ne croyez pas que je veuille vous faire un tableau de prospérité pour vous endormir sur les malheurs du peuple ; non, je veux suivre la vraie marche des choses, et chercher les vrais moyens qui ne sont pas ceux que vous proposez.

Maintenant, comparons les prix de la main-d'œuvre aux prix de la consommation. Les voici : quant à la nourriture, les prix sont à peu près les mêmes ; la viande a un peu augmenté ; le pain, j'ai ici un tableau du prix du pain dans quelques villes manufacturières depuis 1814 ; eh bien! le prix du pain est le même. Les salaisons, qui sont l'une des matières les plus importantes de l'alimentation, ont peu varié et se sont beaucoup améliorées.

Les vêtements, tout ce qui est coton, est de 80 p. 100 meilleur marché. Les tissus qui coûtaient 35 sous coûtent aujourd'hui 7 sous. Pour la draperie, qui est encore un objet important de la consommation de l'ouvrier, les prix sont réduits de 50 p. 100. Pour les logements, les prix sont augmentés, c'est vrai, savez-vous dans quelle proportion ? tout cela résulte d'une enquête, les logements de l'ouvrier qui représentaient 90 fr. représentent 120 fr.; cela tient à une cause accidentelle, le penchant des industries à se rapprocher des grandes villes ; c'est un malheur. La législation y peut quelque chose : proposez-nous des moyens, nous y adhérerons, mais sans qu'on viole les principes de la société.

Je ne repousserai pas pour moi des propositions qui auraient pour but d'abandonner des terrains de l'Etat, de les accorder à des constructeurs qui feraient des maisons d'ouvriers. Là il y a des moyens praticables, indiquez-les, nous vous écouterons comme des honnêtes gens voulant le bien les uns et les autres, non pas comme des factieux, ayant de mauvaises intentions. (Bruit. — Interruption.) Cela ne s'adresse à personne, à personne! (L'agitation continue.)

Non, je n'applique à personne cette expression

Je prie l'Assemblée de me permettre d'interrompre, pour quelques instants, le cours de mes idées. Il y a un mot qui est prononcé quelquefois de ce côté (montrant la gauche), et qu'on vient de prononcer de nouveau : c'est le mot de *royaliste*. Est-ce que nous avons jamais désavoué nos opinions passées? (Interruption.)

Je suis habitué à ces colères des partis; je les ai essuyées il n'y a pas longtemps encore, je les ai toujours bravées... (Vives exclamations à gauche.)

Je les ai bravées et je les braverai encore, quand mon devoir l'exigera. Je suis fâché que celui qui m'interrompt n'ait pas eu l'honneur d'appartenir aux anciennes Assemblées : je lui rappellerais que, lorsque des hommes, qui (aujourd'hui ils nous le disent) étaient républicains sous la monarchie, à laquelle ils avaient prêté serment; lorsque ces hommes prenaient la parole, si quelqu'un, dans l'ancienne majorité, avait prononcé le mot *républicain*, nous aurions fait taire ce membre de la majorité comme violant le droit du député. (Exclamations à gauche. — A droite, Oui! oui ! Très-bien !)

Nous faisions respecter les droits de tout le monde, nous nous faisions écouter. (Nouvelle interruption.)

Montrez votre justice, je suis charmé qu'elle éclate à tous les regards. Nous nous faisions écouter, nous faisions respecter, autant que possible, les droits de tout le monde; et vous qui nous avez donné la République, apparemment pour que nous fussions plus libres (Bruit), lorsqu'une partie de cette Assemblée, qui a eu comme vous, et peut-être plus que vous, l'honneur du suffrage universel, lorsque cette partie de cette Assemblée veut faire entendre sa voix, vous prétendez lui interdire la parole par des distinctions rappelant les anciens partis auxquels nous avons appartenu.

Je dis que lorsqu'on agit ainsi, on prouve qu'on est un parti sans justice et sans mémoire. (Très-bien ! très-bien ! — Rumeurs à gauche.)

Je disais, messieurs, avant cette interruption que m'a value un mot que je me suis hâté d'expliquer, qui ne s'adressait à personne ici, car autrement je serais trop dépourvu du tout sentiment des convenances parlementaires, et il y a vingt ans que je monte à cette tribune, je disais que jamais je n'ai voulu appliquer une expression aussi offensante à un membre de cette Assemblée.

Quand je veux offenser, je m'adresse directement aux hommes ; mais les offenser d'une manière générale, j'en suis incapable !

Je disais que le troisième principe, celui de la concurrence, de l'émulation industrielle, avait donné ces beaux résultats qui ne sont pas encore ce que nous devons désirer pour l'humanité, mais qui sont un progrès : c'est que l'ouvrier gagne davantage et paye un peu moins la valeur des objets de consommation, quelques-uns seulement un peu plus, et qu'en somme sa condition est améliorée depuis trente ans. Voilà un fait qui est incontestable.

Et à quoi cela est-il dû? A cette concurrence qui a changé tous les procédés. D'un côté, les machines ayant pris le rôle de la force brutale, le rôle de la force intelligente a été réservé à l'ouvrier, et sa condition en a été plus relevée. D'un autre côté, consommateur autant que producteur, l'ouvrier a pris sa part, sa très-grande part du bon marché que la société a obtenu, et quel est, au milieu de tout cela, celui dont la condition s'est empirée ? C'est l'entrepreneur.

Je pourrais, pour le démontrer, citer toutes nos grandes industries.

Je choisis celle des cotons. J'ai pris une période décennale, celle de 1835 à 1845, dans l'époque la plus calme du dernier régime. Voyez les résultats : la France en 1835 employait 35 millions de kilogrammes de coton brut ; elle ouvrait ces 35 millions de kilogrammes de coton brut qu'elle convertissait en fils, en tissus de de tout genre.

En 1845 la France en a ouvré 65 millions de kilogrammes, c'est-à-dire à peu près le double. Ainsi, en 1845, la société a obtenu le double de produits. Maintenant, à quel prix le coton avait-il été ouvré ? Les 35 millions de kilogrammes de coton de tous genres, filés ou tissés, avaient coûté 630 millions à la société française, et les 65 millions de coton ont coûté 650 millions. Ainsi, pour une somme à peu près égale, il y a eu le double de produits, dont le peuple a profité, car il en est le principal consommateur.

Quant à l'ouvrier... on a cherché des évaluations ; on a cherché quelle était, dans l'année, en additionnant toutes ses journées de travail, la moyenne du prix de sa main-d'œuvre. Elle était de 330 fr., et elle a monté à 400 Ainsi, tandis que pour avoir le double de produits on a payé à peu près la même somme, le salaire de l'ouvrier a monté en proportion approximative de 330 à 400 fr.

Or, savez-vous ce qu'il est advenu des entrepreneurs par suite de la concurrence? Ils ont un peu moins gagné qu'auparavant, parce que par cette émulation ils ont cherché à satisfaire le public d'une part , et leurs ouvriers de l'autre. Ils ont été obligés de se contenter de profits moindres.

Voilà cette loi admirable qui fait qu'à mesure que la société fait des progrès, l'ouvrier gagne davantage, et comme consommateur il paye moins, tandis que l'entrepreneur , placé entre la société et l'ouvrier,

2.

obligé de satisfaire tous les deux, est contraint à des efforts inouis et forcé de se contenter de profits très-inférieurs.

Voilà la marche des choses. Je ne dis pas qu'il n'y ait point des interruptions dans cette marche des choses : je ne dis pas qu'il n'y ait des affreux jours, je le montrerai moi-même tout à l'heure, et c'est pour ces jours affreux que nous devons chercher des palliatifs ; mais, enfin, cette vieille société que vous accusez tous les jours, avec ces trois principes, la propriété, la liberté, la concurrence, la société a fait des progrès, des progrès qui ont été au profit de tous, et surtout, et heureusement, plus encore au profit du travail que du capital.

Vous dites que la société marche toujours vers l'appauvrissement des classes ouvrières ; remontez à deux siècles en arrière, remontez même plus loin, remontez à l'origine des sociétés, voyez la marche de l'intérêt de l'argent : quelle est-elle ? Chez les Romains, je vous demande pardon de remonter si haut, chez les Romains, l'intérêt de l'argent était de 15 à 20, et même à 40 p. 100. Dans le moyen âge, il était de 12 à 15 p. 100 ; dans le dix-huitième, siècle, de 7 ou 8, et aussi de 6 p. 100 ; et aujourd'hui, en temps calme, habituellement il est de 4 et 5.

Eh bien! vous dites que la société marche sans cesse vers ce terme, que les capitaux se refusent au travail? Je dis que la société marche, au contraire, vers l'amélioration du sort de toutes les classes, et plus encore des classes inférieures que des classes supérieures.

Les grands principes de la société se résument par ces mots dits à l'homme : Travaille, tu seras assuré du produit de ton travail ; travaille selon tes facultés, à tes risques et périls, travaille mieux que ton rival, et tu seras riche si tu es appliqué, sage et habile.

Eh bien ! à la place de ces principes, que voulez-vous mettre? Expliquons-nous d'une manière précise et positive les mots de communauté, d'association, de réciprocité, de fraternité?

Messieurs, il faut de grandes idées, et, pour mon compte, je suis partisan du spiritualisme, je le serai toujours, toute ma vie ; je n'aime pas plus la politique que la philosophie consacrée au culte de la matière ; mais enfin il faut de la précision ; quand il s'agit du bien-être du peuple, quand il s'agit de salaires, quand il s'agit de consommation, il faut des chiffres précis. Eh bien! voyons ce que vous apportez, quelles sont vos idées? Je vais les énumérer toutes, et sans vouloir décrier celles de personne.

Qu'avez-vous apporté? Les uns ont nié la propriété, c'est le communisme ; les autres ont proposé l'association, c'est le système du Luxembourg ; les autres ont proposé la réciprocité, le bon marché, la suppression de numéraire, au moyen d'une banque d'échange, c'est le système de M. Proudhon, et enfin le quatrième, un membre de la commission de constitution, vous a apporté le droit au travail.

Eh bien! examinons toutes ces propositions.

Quant au communisme, c'est dans un livre qu'on peut dire tout ce que ce sujet comporte ; je ne le dirai pas à la tribune. Et puis cette opinion est tellement décriée qu'elle ne semble pas un adversaire sérieux. Cependant sur quoi se base-t-elle ? Sur la négation de toute propriété et sur la négation de toute liberté. Voulez-vous sacrifier ces deux principes sociaux ? Je dis au communisme, quel qu'il soit, et, prenant ses principes essentiels, je lui dis : Vous ne ferez qu'une société paresseuse et esclave. (C'est cela ! — Très-bien ! très-bien !) On ne travaille pas pour la communauté. On peut dire à l'homme : Mourez pour la patrie ; mais dites-lui de tisser du fil et de forger du fer pour la patrie, et vous verrez comment il vous écoutera. (Hilarité générale.)

Le communisme fera donc une société paresseuse, et il fait une société esclave ; tout le monde l'a dit, ce n'est pas du nouveau. De peur que l'on soit riche ou pauvre, heureux ou malheureux, il se charge de la destinée de l'homme, et il lui dit : Toi, tu seras Raphaël ; toi, tu seras Bossuet ; toi, tu seras Newton.

Eh bien ! il a eu peur que l'homme se trompât en choisissant sa voie, et il a eu la présomption de la choisir pour lui, il a eu la présomption de décider de toutes les aptitudes. Il y a là autant de présomption que d'oubli de la nature humaine. Mais le communisme n'est pas un adversaire sérieux ; je ne lui oppose que les grandes objections : société paresseuse, société esclave !

L'association ! Je suis fâché que l'auteur ou le restaurateur de cette idée ne soit pas ici dans cette enceinte. Il a peut-être des amis qui le suppléeront en tout cas. (Nouvelle hilarité.)

Eh bien ! messieurs, cette opinion, elle est un peu moins chimérique, un peu moins déserte que celle qu'on appelle communisme ; est-elle plus sérieuse au fond ? Quoi ! de tout temps on avait regardé comme vulgaire cette vérité, que, dans la gestion des affaires privées, le meilleur des surveillants était l'œil du maître. On avait toujours cru que, dans l'industrie privée, ce qu'il fallait, c'était l'ardeur, l'intelligence, l'application soutenue de l'intérêt personnel, et on nous propose dans l'industrie, quoi ? l'intérêt collectif, c'est-à-dire l'anarchie dans l'industrie. Vous figurez-vous toutes les filatures, toutes les forges, toutes les usines de France gouvernées par une association d'ouvriers, et à l'intérêt privé, qui seul même, avec des efforts inouis, avec des prodiges de capacité et d'application, arrive, non pas à la fortune, mais souvent à la ruine, on prétend substituer l'intérêt collectif !..... Eh bien ! vous figure-vous une collection faisant ce que l'intérêt privé, la capacité n'ont pu faire ? Vous avez donc tout confondu, tout déplacé. Dans l'industrie, le véritable principe, le véritable moteur, c'est l'intérêt privé, tandis que, dans l'État, c'est l'intérêt collectif, l'intérêt général ; et vous, vous avez tout confondu, vous avez mis dans l'industrie le principe qui ne doit

se trouver que dans le gouvernement. (Très-bien ! très-
bien !)

Je suis obligé d'aller vite, car je vous ai déjà retenus
bien longtemps, et je voudrais arriver enfin au sujet
qui nous occupe, car je ne veux pas abuser d'une trop
grande partie de votre temps ; je ne veux toucher que
le sommet des choses ; mais, si je le pouvais, je vous
citerais les exemples pris ici, à Paris, dans de grands établissements, de cette association merveilleuse qui de-
vait régénérer l'espèce humaine et rendre à la classe
ouvrière sa prospérité, sa dignité ; vous y verriez les
désordres et la ruine ; vous y verriez le salaire diminué
par les extravagances d'un mauvais gouvernement.
S'il y a une enquête, j'apporterai des exemples de ce
principe collectif qui a été substitué au principe vrai
de l'intérêt individuel. Vous avez mis, je le répète,
l'anarchie dans l'industrie.

Dans la société, chacun doit spéculer avec ses capitaux. Dans l'association, où prenez-vous le capital ?
Dans le trésor public. Je vous dirai tout à l'heure ce
que c'est que le trésor public. Si c'était le trésor du
riche, à la bonne heure. Si c'étaient toutes les industries qui vinssent y puiser, ça finirait par être nul, car
ce serait tout le monde prêtant à tout le monde de
quoi spéculer ; mais ici c'est une classe, une seule,
celle qui est agglomérée dans les villes, celle qui malheureusement, sans le vouloir, est souvent l'instrument des factions ; c'est une seule classe qui vient
y puiser ; car l'association ne convient pas à l'agricul-
ture ; elle ne convient pas à tous les ouvriers qui viennent isolément travailler dans les maisons ; elle ne
convient qu'à quelques ouvriers accumulés dans de
grandes usines, dans les mines, dans les filatures, dans
les grands établissements métallurgiques ; c'est de
ceux-là seulement que vous vous occupez.

Eh bien ! voyez le caractère de toutes les inventions ;
tandis que chacun spécule avec son capital, une classe,
une seule, qui est peut-être d'un million d'individus
sur 36 millions, spéculera avec le capital de tout le

monde, et déjà pourvue d'un faux principe de gou-
nement, je sais ce qui l'attend : la ruine.

Mais on y a pourvu. Voici le secret pour lequel on
a supprimé la concurrence. Quand la concurrence
n'existera plus, c'est l'association qui fera les prix : au
lieu de la liberté des prix, de cette liberté qui résulte
de la liberté des transactions, et qui nous a valu tous
les progrès que nous avons faits, vous aurez un monopole au profit d'une classe seule, qui est d'un million
sur 36. Voilà l'association au vrai.

On a demandé la parole. Je ne demande pas mieux
qu'une discussion approfondie ait lieu sur la question
d'association ; mais, quoi qu'il arrive, vous ne détruirez
pas ces trois objections principales : un faux principe
de gouvernement, un capital pris dans le trésor public,
un monopole.

Un homme que j'ai rencontré, sans le vouloir, dans
ces discussions économiques, M. Proudhon, qui a dé-
ployé une vigueur, une verve, un véritable bon sens,
quand il attaquait les autres... (Rires) ; M. Proudhon,
quand il a voulu, à son tour, créer, inventer, qu'a-t-il
produit ? Tandis que les autres créaient la cherté par
le monopole, il a voulu, lui, créer le bon marché. Par
quel moyen ? Par la loi, et il a dit : « On réduira de
25 pour cent toutes les valeurs, tous les salaires, tous
les revenus, tous les produits, et quand la loi aura décrété la réduction de 25 pour cent sur toutes les valeurs, le bon marché sera produit. »

C'est une invention, j'en conviens. (Rires.) Mais je
vous prie de me dire s'il y a quelqu'un ici qui y croie :
quoi ! les valeurs seront réglées par la loi ! Ce sont là
les inventions qui vous portent à traiter avec tant de
mépris le vieux monde, les anciens hommes d'État, et
avec tant de fureur la société actuelle, la vieille société,
comme on a dit. Les valeurs dépendront de la loi !

Que d'orgueil pour une telle découverte ! et ce sont
là ces inventions au nom desquelles on vient bouleverser une société, mépriser et invectiver des hommes
d'État qui ont, depuis bien des années peut-être, prouvé

quelque application, quelque intelligence des intérêts publics. On a tout découvert, dit-on, on a tout changé, on a décrété le bon marché, et on a décidé que les valeurs seraient fixées par la loi... Mais cela s'appelait autrefois le maximum, et cela est resté une des idées les plus bafouées des temps passées.

Ce n'est pas tout; M. Proudhon, bien sévère pour ses collègues en socialisme, leur dit... Mais je ne veux pas répéter les mots; vous m'interrompriez, vous auriez bien raison. (On rit.) Il leur dit : Vous êtes des aveugles; quelquefois il emploie ces mots : « Vous me dégoûtez. » Puis il ajoute : Vous n'avez pas vu où était le véritable mal; le véritable mal est dans le numéraire; c'est là ce méchant roi qu'il faut détrôner; il a un vice ; ce vice, c'est de se refuser. (Hilarité prolongée.)

Ne croyez pas qu'ici, dans un sujet aussi grave, aussi sérieux, je veux prêter des expressions ou des idées aux hommes que je combats; je prends textuellement les paroles; il y en a de plus extraordinaires que celles que je cite : oui, M. Proudhon prétend que le numéraire a le défaut de se refuser. Alors on répare le mal, car rien ne coûte dans les nouvelles écoles; quand on a fixé par la loi les valeurs, il est tout naturel de remplacer le numéraire de la même façon, et on le remplace, en effet, par du papier débité par une caisse d'échange.

Eh bien! moi, j'adresse cette simple question à l'auteur de cette découverte : que sera votre papier? se refusera-t-il comme le numéraire? (Hilarité.) S'il ne se refuse pas, il ne vaut rien, je n'en veux pas. (Hilarité nouvelle.)

Voici la quatrième invention socialiste. Je ne crois pas qu'il en existe une de plus. Celle-ci contient le moyen le plus simple, le plus pratique. Aussi a-t-il obtenu l'honneur de figurer dans la constitution; et, en effet, je reconnais que c'est le seul praticable : il est d'une simplicité merveilleuse; il consiste à donner 40 sous par jour aux ouvriers inoccupés.

Cela se peut, j'en conviens, sauf à examiner plus tard la question de finance.

Je ne crois pas qu'on puisse, même avec une société qui s'y prêterait, organiser le communisme; je ne crois pas, même avec une société qui s'y prêterait, qu'on puisse organiser l'association; je crois qu'elle échouera dès le début; elle a déjà échoué.

Quant au nouveau papier destiné à remplacer le numéraire, je n'en crains pas l'application, il ne commencerait même pas.

Mais prendre dans le trésor public de quoi donner 40 sous par jour aux ouvriers, ceci se peut, ceci est pratique, je le discuterai tout au long, mais aussi brièvement que je pourrai le faire.

Je prie l'Assemblée, je prie le pays et tous ceux qui nous écoutent, et aujourd'hui c'est l'humanité entière qui nous entend, de remarquer que tout ce qu'on a trouvé pour remplacer ces vieux principes de l'ancienne société, de la société de tous les temps, de tous les pays, la propriété, la liberté, la concurrence, que tout ce qu'on a trouvé, c'est le communisme, c'est-à-dire la société paresseuse et esclave; l'association, c'est-à-dire l'anarchie dans l'industrie; la réciprocité, c'est-à-dire le maximum et le papier; et enfin le droit au travail, c'est-à-dire un salaire aux ouvriers oisifs, agglomérés dans les grandes villes.

Quand on aura rendu à ces idées la valeur que je viens de leur retirer, qu'on essayera de leur rendre, mais que je tâcherai de leur reprendre encore si je suis ramené à cette tribune; eh bien! quand on leur aura rendu cette valeur, alors je m'humilierai devant la nouvelle économie politique, devant le nouvel état social; je reconnaîtrai que nous avons été, non pas de mauvais citoyens, des indifférents, mais que nous avons été aveugles et ignorants. Jusque-là, je persiste à croire que nous avons été des hommes publics qui n'ont pas toujours été heureux, qui n'ont pas été toujours servis par les circonstances, mais qui n'ont pas fait autant de mal qu'il vous plaît de le dire aujourd'hui que vous êtes victorieux, ni aussi peu de bien qu'il vous plaît de le supposer. (Approbation.)

Maintenant, de ces quatre systèmes, j'arrive au dernier, le seul qui ait aujourd'hui l'honneur d'une discussion positive, pouvant aboutir à un vote. L'honorable M. Mathieu (de la Drôme) nous disait qu'on ne lui avait pas répondu. Je vais essayer de le faire : il s'en plaignait, il avait raison ; il faut se serrer de près dans ces questions, de très-près, l'intérêt public le veut.

Eh bien ! je vais essayer de répondre, je n'y réussirai peut-être pas, mais je tâcherai ; j'y montrerai au moins la bonne volonté qu'a montrée M. Mathieu (de la Drôme) en posant son système à cette tribune. (Bruit.)

Eh bien ! messieurs, voici le principe sur lequel on fait reposer le droit au travail. On nous dit : la propriété est perdue, nous allons la sauver, et voici pourquoi elle est perdue. Bien qu'elle soit nécessaire, peu à peu l'univers se trouve envahi par elle. Ainsi, si on veut travailler, les capitaux se refusent, si on veut labourer, tous les champs sont occupés ; c'est l'effet des générations qui nous ont précédés qui ont, sinon usurpé, du moins occupé le monde comme premiers venus.

Eh bien ! il n'y a qu'un moyen de sauver la propriété, c'est d'assurer à ces hommes venus trop tard et qui veulent travailler, les moyens de travailler. Ainsi le principe, si je ne me trompe, je ne cherche pas à défigurer le système, c'est que le monde est occupé par les premiers venus, plus heureux, plus pressés.

On nous dit, par exemple, que dans l'état sauvage, car on en parle beaucoup dans cette discussion, c'est naturel (On rit), on nous dit que dans l'état sauvage il y a quatre droits, qui ont péri dans l'état social, et c'est le droit au travail qui doit en être le représentant ; ces quatre droits, les voici : le droit de pêche, le droit de chasse, le droit de cueillette, le droit de pâture. (On rit.)

Si aujourd'hui, nous dit-on encore, vous voulez

chasser dans une propriété qui n'est pas à vous, on vous condamne comme braconnier. Si vous voulez pêcher, on vous condamne comme ayant nui au droit du fisc ; si vous voulez pâturer, cueillir, on vous condamne comme ayant commis un délit rural. Le monde est occupé ; il faut venir au secours de ceux qui le trouvent occupé.

Eh bien ! je vais vous poser une question. Et ici, Dieu me préserve d'exciter le rire, car les hommes dont je vais parler ont fait beaucoup de mal, et il s'en sont fait beaucoup à eux-mêmes ... vous avez eu quelques milliers d'infortunés qui, égarés par des sophismes, ont versé le sang. Il faut leur faire une vie nouvelle. Dites-moi, si vous les placiez sur des vaisseaux, et que vous allassiez les jeter dans ces pays où existent ces quatre droits qui ont péri dans notre société, et qui, suivant vous, sont si regrettables, ne dirait-on pas que vous êtes des barbares, des gens cruels ? si vous alliez les jeter à Cayenne, à la Guyanne, ne dirait-on pas que vous êtes des gens atroces ? et on aurait quelque raison.

Eh bien ! messieurs, mais dans les pays où il serait barbare de les jeter, ces droits que vous regrettez tant existent ; qu'est-ce donc que vous regrettez ? Un état où il serait cruel de jeter des hommes, un état qui est la misère. Ces générations qui vous ont précédés, qu'ont-elles fait ? elles ont rendu ce monde habitable, plus habitable pour tous ; elles l'ont rendu plus approprié aux besoins de l'homme. Quant à l'état primitif, vous n'en voudriez pas, et vous n'en voulez pas même pour des hommes égarés qui ont versé le sang de leurs concitoyens. Quand vous songez à envoyer ces mêmes hommes en Afrique, si vous les y envoyiez sans un capital, sans des instruments de travail, des semences, du bétail, de quoi se vêtir, de quoi se nourrir, ils diraient encore que vous êtes des gens cruels.

Que voulez-vous donc ? La terre couverte de capitaux, c'est-à-dire de constructions, d'instruments, de bétail, d'engrais, de semences ; mais la terre telle qu'elle était dans l'état primitif, vous n'en voulez pas. Eh bien ! est-il étonnant que les générations qui vous ont précédés, qui ont couvert cette terre de capitaux de tout genre, vous en demandent un intérêt, c'est-à-dire une rente ? Est-il étonnant que, pour les capitaux mobiliers qu'elles ont créés, elles vous demandent un intérêt ? Mais elles vous le demandent tous les jours moindre. Elles n'occupent donc pas l'univers en maîtres absolus, inexorables, qui n'en veulent rien céder aux nouveaux venus. Elles n'ont fait que l'approprier à vos besoins et vous le rendre plus accessible.

Le principe sur lequel vous vous appuyez pour réclamer le droit au travail est donc puéril.

Mais maintenant, peut-on, dans tous les cas, assurer du travail aux hommes ? Le doit-on et le peut-on ? Eh ! mon Dieu, si on le peut, je n'en conclurai pas qu'on le doive ; mais j'admets qu'on le doit si on le peut.

Mais voyons : décrivons le mal au juste pour arriver au vrai, et plaçons-nous dans les faits. Quel est le mal auquel vous voulez remédier ? En réalité, c'est le chômage. Ces sociétés industrielles qui ont fait de grands progrès, grâce aux principes que je vous ai énumérés, ces sociétés sont très-compliquées, elles sont une machine très-délicate, à mille ressorts, et dans lesquelles le moindre dérangement produit des désordres profonds et subits. Dans ces sociétés industrielles, où l'on paye la main-d'œuvre très-cher, à la première crise, il y a des milliers d'ouvriers sans travail. Mais où cela se produit-il ? Non pas dans les champs, mais dans les villes, car nous ne nous occupons jamais ici que de la population des villes. Dans les champs, la vie est constamment dure, mais il n'y a pas de chômage ; où il y a chômage, c'est dans les grands centres de population industrielle, dans les villes.

Ainsi ne dites pas que vous vous occupez du peuple entier, car vous ne vous occupez que d'une partie de ce peuple. Mais, du reste, quels sont les moyens de venir au secours de cette petite partie ? Vous dites que nous oublions que la bienfaisance humilie.

Je demanderai à dire un mot sur cette prétendue humiliation de la bienfaisance. Mais d'abord vous-mêmes qu'est-ce que vous faites? Je vais vous prouver qu'au fond c'est un secours que vous donnez, et que, si le secours donné par la société humilie, vous êtes aussi humiliants que nous.

D'abord est-ce que la société humilie quand elle donne? M. Ledru-Rollin disait hier que, lorsqu'on paye un ouvrier, on se sentait son égal, mais que, quand on lui faisait l'aumône, on ne se sentait pas son égal. Il y a eu une interruption. J'étais, non pas de ceux qui interrompaient, j'interromps rarement, mais j'étais de ceux qui n'approuvaient pas cette idée. Je vais en dire le motif.

Oui, il y a entre celui qui paye et celui à qui l'on paye égalité et inégalité tout à la fois. Il y a une inégalité, c'est celle de l'éducation, des lumières, inégalité certaine qu'on ne peut pas nier, comme il y en a une autre à l'égard de celui auquel on donne. Mais il y a une égalité, il y en a une, et celle-là elle existe autant à l'égard de l'ouvrier qu'on paye qu'à l'égard de l'ouvrier à qui on donne parce qu'il manque de travail : cette égalité, c'est celle devant la loi ; et il y en a une autre plus haute encore, c'est celle qui est devant cet être suprême qui prend en pitié nos différends. Eh bien ! non ; celui auquel on donne n'est pas humilié, et je ne pense pas que jamais, dans aucun temps, quand on ne voulait pas flatter le peuple, car, dans tous les temps, il y a eu un maître qu'on voulait flatter ; quand on ne voulait pas le flatter, on ait dit que la bienfaisance est un outrage. Quoi ! ces bienfaiteurs de l'humanité, saint Vincent de Paule et tant d'autres, ont donc outragé l'humanité en étant bienfaisants ? (Nouvelle interruption à gauche.)

Messieurs, si la bienfaisance de l'individu outrage, ce que je nie, la bienfaisance bien faite n'outrage jamais ; si cette bienfaisance outrage, je vous demande si celle de la société outrage aussi. Je pourrais vous citer des exemples éclatants. Comment donc, nous avons vu sous la restauration un général illustre qui n'avait laissé de fortune à ses enfants que son épée, nous avons vu la France entière, qui aimait à trouver dans sa bouche de vieux soldat les accents de la liberté, la France se hâter de souscrire pour ses enfants; est-ce que la France l'outragea? (Murmures.)

Mais je vais vous prouver que vous-mêmes vous tombez dans une contradiction frappante. Comment! vous écrivez dans votre constitution le droit à l'assistance ; est-ce que vous entendez outrager ceux auxquels vous accorderez l'assistance? Vous me direz : Ils ont le malheur d'être invalides ; mais les crises commerciales sont aussi un malheur, et quand la société vient au secours de l'un, vous direz qu'elle fait une chose légitime et bonne, et quand elle vient au secours de l'autre, vous direz qu'elle l'outrage? Ce sont des mots de partis. On n'offense pas les misères qu'on veut secourir...

Moi, je nie l'offense, je nie l'humiliation ; mais vous, que faites-vous? Je vous défie, dans ce que vous faites, non pas dans ce que vous écrivez, que n'écrit-on pas! je vous défie, dans ce que vous faites, en réalité, de trouver autre chose qu'un secours. Des ouvriers viendront vous demander du travail.... Vous tous, prévoyant l'objection, vous avez dit : l'État ne peut pas faire de la bijouterie, de la soierie, des meubles, des objets de luxe. C'est évident, on ne peut pas imposer à l'État de se faire fabricant de toutes choses.

Qu'est-ce que fera l'État? Ce qu'il a fait dans les ateliers nationaux; il leur donnera du travail de terrassement.

Eh bien! savez-vous ce qui est arrivé dans les ateliers nationaux, et c'est là, à mon avis, ce qui excuse, non pas entièrement la conduite tenue à l'égard des ateliers nationaux, mais ce qui excuse une partie de cette conduite.

Eh bien! quand un ouvrier qui avait manié la navette ou le burin, qui avait les bras faibles, qui avait besoin même de conserver la souplesse, la délicatesse de sa main pour pouvoir gagner plus tard le pain de ses enfants, quand on lui mettait une pioche ou une pelle dans les mains, il avait bientôt les mains en sang, ou il ne pouvait rester courbé vers la terre ; et alors les conducteurs de ces travaux, par une humanité que pour ma part j'approuve, lui disaient : Ne faites rien, et on vous donnera les 40 sous.

Si ce n'était pas là un secours, c'était quelque chose de bien pis, c'était une soustraction des deniers publics. Le secours, c'est la seule manière d'ennoblir une telle chose.

J'ai vu de vieux soldats de la garde municipale qu'on employait à l'extraction du minerai de fer ; j'approuvais M. le ministre de la guerre et les hommes qui les conduisaient, et qui avaient l'humanité de ne pas les obliger à travailler ; je disais : C'est un secours.

Je vous défie de dire que c'est autre chose ; si vous le dites, je répondrai que vous en imposez.

Vous leur proposez quelque chose de bien plus cruel encore qu'un secours : l'expatriation. Vous dites à un ouvrier privé pendant deux mois de travail, à l'ouvrier de Lille, de Roubaix, de Tourcoing, de Rouen : Expatriez-vous, allez dans les marais du Cotentin, allez en Afrique... C'est quand vous avez dit cela aux ouvriers des ateliers nationaux qu'ils ont pris les armes, et qu'ils ont dit : Nous ne partirons pas.

Vous voyez donc que, quoi qu'on fasse, quand on met de côté les déclamations, c'est un secours : la différence entre vous et nous, c'est que ce secours nous le donnons en sachant ce que nous faisons ; nous le mesurons d'après les moyens de la société ; nous lui donnons son vrai nom, et vous, vous l'organisez de manière à ce que ce secours soit un acte malhonnête envers la société ; car, si elle commande et paye un un travail, il faut qu'on le fasse.

Il faut parler la langue, il faut la parler sincèrement, et avec la connaissance de la valeur des mots : ce qui est un secours, un acte de bienfaisance, il ne faut pas en faire un droit. Or, je vous prouverai, par des consi-

dérations courtes et décisives, que vous employez la
langue hors de son vrai sens, de son sens éternel.

Quand vous venez placer ici le mot de *droit*, voyez
ce que vous faites.

Lorsque quelques ouvriers chôment accidentelle-
ment, vous voulez leur donner un secours. Tel gagnait
5 fr., tel autre 6 fr., tel autre 8 fr. par jour, vous n'allez pas leur donner 6 fr., 7 fr., 8 fr.; vous ne leur donnerez pas même 40 sous, si vous voulez les leur donner longtemps. Je voudrais qu'on pût donner 40 sous,
mais enfin il faut songer aux finances de l'Etat qui ne
sont pas les finances du riche, mais celles du pauvre ;
vous leur donnerez tout juste de quoi se soutenir deux
mois, trois mois. Mais si c'est un droit, prenez-y garde!
On ne plaisante pas avec les droits ; les droits, il faut
y satisfaire complétement. On vous dira : Je gagnais
3 fr., donnez-moi 3 fr.; mais vous ne donnerez même
pas 40 sous, vous leur donnerez de quoi avoir du pain
pendant deux mois, trois mois, et ce serait là un droit!
Le droit n'admet pas d'à peu près.

Puis vous direz à ces ouvriers : Mais dans quel temps
vous adressez-vous à moi? est-ce en temps de crise
ou en temps de prospérité? Si c'est en temps de prospérité qu'ils viennent s'adresser à vous, vous leur
direz : Pourquoi vous adressez-vous à moi? mais il y
a du travail ; pourquoi venez-vous à l'Etat? Vous
venez, parce que vous êtes mécontents de votre maître ;
vous quittez votre maître, parce que vous voulez faire
renchérir les salaires en vous refusant à travailler.
Vous direz encore : Je donne dans un moment difficile,
je ne donne pas dans un moment de prospérité. En
effet, si vous alliez donner à tout venant, dans tous les
moments, savez-vous ce que vous feriez? Vous boule-
verseriez l'industrie.

Et ce n'est pas une hypothèse que je fais ici : au
nombre des ouvriers des ateliers nationaux, il y en
avait qui quittaient leurs maîtres parce qu'ils étaient
mécontents d'eux, et d'autres parce qu'ils voulaient

faire augmenter la main-d'œuvre. Vous ruineriez donc l'industrie du pays.

Il faut donc que vous vous réserviez le jugement des cas, que vous disiez : Je donne aujourd'hui, je ne donne pas demain ; je donne en hiver, je ne donne pas en été ; je donne en temps de crise, je ne donne pas en temps de prospérité.

Et vous appelleriez cela un droit, quand vous resterez maîtres de décider des cas ! Non, ce n'est pas un droit, ou vous avez oublié la langue. (Très-bien !)

Mais maintenant voulez-vous voir, par un autre exemple, combien le mot *droit* est maladroitement, malheureusement appliqué? Un droit, messieurs, ne fait pas d'exception entre les classes des citoyens, n droit s'applique à tous. Le droit, par exemple, d'écrire, tout le monde peut l'exercer ; des ouvriers écrivent. Nous avons vu, dans les années qui ont précédé celle-ci, un excellent journal qui était rédigé par des ouvriers, dont quelques-uns sont ici auprès de nous, et nous sommes honorés de nous trouver auprès d'eux, car ils sont au nombre des hommes dignes et éclairés de l'Assemblée. Tout le monde peut donc écrire, c'est un droit pour tous ; mais un droit que telle classe pourrait exercer, et pas telle autre, vous appelleriez cela un droit?

Voilà un ouvrier qui se présente ; à son vêtement, à son langage, vous le reconnaissez, vous l'accueillez, vous lui donnez du travail si vous le pouvez ; mais si c'est un individu d'une classe plus élevée qui se présente et dise : Je n'ai pas d'emploi ; vous lui direz : Vous êtes un solliciteur, retirez-vous ; et vous aurez raison. (Rires approbatifs.)

On a fait des caricatures sur cette manière d'entendre le droit au travail ; dans ces caricatures il y avait quelque chose de vrai.

Un droit est de tout le monde ; quand ce n'est qu'un droit d'une classe, ce n'est pas un droit ; un droit qu'on accorde à celui-ci et qu'on refuse à celui-là n'est pas un droit.

Vous avez donc mal parlé la langue, je vous le répète. Si cela se bornait à la langue mal parlée, nous sommes résignés, tout en prenant aux sérieux la constitution, car elle peut contenir les destinées du pays, à laisser passer beaucoup de paroles qui peuvent offenser des esprits difficiles et exercés ; mais quand on parle mal la langue, et que les paroles peuvent amener des journées de juin, permettez-nous, Messieurs, de réclamer la justesse rigoureuse du langage.

Je suis d'avis que le Gouvernement s'applique à donner autre chose que des travaux de manouvriers. Je ne crois pas impossible, quand l'État a à vêtir des soldats, à faire des machines, à élever des constructions, je ne crois pas impossible que l'État puisse venir au secours des ouvriers dans les temps de chômage. Je pense qu'il doit réserver certains secours publics pour les substituer aux travaux privés, quand les travaux privés viendront à manquer ; mais tout cela est borné, tout cela est accidentel, tout cela tient à des combinaisons qui peuvent réussir ou ne pas réussir.

Dans tous les cas, il faudra donner des travaux aux industries de luxe, car si l'État a à vêtir des soldats, il ne peut pas les vêtir de soieries ; il ne peut pas faire des manufactures de meubles ; il y aura des classes que, par les travaux de l'État, vous ne pourrez secourir ; si, à un orfèvre, vous alliez offrir une pioche, vous seriez barbares au lieu d'êtres secourables.

Ainsi, c'est un secours que l'État peut donner, et pas autre chose. Il ne faut donc pas l'appeler droit.

Et puis faut-il vous parler du danger où vous vous trouveriez lorsque ces classes se présenteraient devant vous armées, non plus du titre toujours si imposant de la misère, mais d'un article de votre constitution ? La situation serait beaucoup plus difficile. Dans ces terribles journées comme celles de juin, ce n'est pas assez que d'avoir la force pour soi, il faut que, dans de telles journées, à la force se joigne le droit clair, incontestable. Pensez, au surplus, à l'ancien article 14, et prenez garde d'armer un souverain nouveau d'un autre art. 44! (Vive approbation à droite.)

Permettez-moi, en finissant, de présenter une dernière considération, c'est la considération financière.
Il faut pourtant savoir quelle est la source à laquelle
vous puiseriez pour satisfaire à ce droit nouveau si re-
doutable, si faussement appelé droit, que vous voulez
introduire dans la constitution. Oh ! si la question était
celle-ci : si c'était tout le peuple, entendez-moi, si
c'était tout le peuple en présence du trésor, et que ce
trésor fût celui du riche, ah! je vous écouterais; mais
d'un côté, il n'y a pas tout le peuple, de l'autre il n'y
pas le riche. Quelques mots suffiront pour me faire
comprendre.

Comme je le disais tout à l'heure, ces classes con-
damnées au chômage ne sont pas tout le peuple ; ce
n'est qu'une portion, une portion infiniment petite du
peuple ; c'est celle qui est agglomérée dans les villes,
et qui, je le répète, sans le vouloir, sans le savoir, est
souvent un instrument.

En présence de cette portion du peuple, qu'y a-t-il?
Il y a le trésor. Est-ce le trésor du riche? Non ; quoi
que vous fassiez, le trésor est toujours le trésor du
pauvre ; et quelques mots éclairciront cette vérité complétement.

On nous dit : Mais jusqu'ici on a fait payer les impôts aux pauvres et non pas aux riches ; et quand on
les fera payer aux riches, la question sera changée.

Eh bien ! messieurs, essayez, combinez des impôts ;
vous avez eu au pouvoir des hommes qui avaient
toute votre confiance et qui la méritaient, M. Gar-
nier-Pagès. D'autres sont venus. Ont-ils trouvé si
facile de faire produire la masse de l'impôt par le
riche? Je vais vous dire ce qui embarrasse tous les
financiers routiniers, si vous voulez ; savez-vous pourquoi, en définitive, le trésor est toujours le trésor
du pauvre et n'est pas celui du riche ? C'est que le
riche est très-peu nombreux. Si vous aviez étudié les
tables de la population, vous verriez que, quelque

combinaison qu'on emploie, en définitive, c'est toujours le grand nombre qui paye.

Ce n'est pas après en avoir trop apporté ici que je vais encore vous donner des calculs; je ne donne que les résultats généraux. Vous prendriez, par la loi agraire, par le communisme, toute la fortune de ceux qui méritent le titre de riches en France, que vous ne payeriez pas une année des dépenses publiques. Quoi que vous fassiez, que vous reversiez les impôts de consommation sur l'impôt foncier, vous ne faites rien que de vous adresser d'un pauvre à un autre.

Savez-vous ce que vous faites quand vous déchargez certaines espèces d'impôts, par exemple, l'impôt de consommation? Vous diminuez le prix du vin, vous faites monter le prix du pain; vous chargez la terre tous les jours; vous vous occupez du peuple des villes, et vous n'avez jamais songé au peuple des campagnes, ou du moins, par les mesures que vous prenez, on ne le croirait pas.

Ainsi, par exemple, vous voulez augmenter l'impôt foncier, c'est le peuple le plus intéressant, le plus patient, le moins salarié que vous chargez. Eh bien! qu'estce que vous nous proposez donc en réalité, en mettant toutes les déclamations de côté? De fournir arbitrairement, pendant un temps de l'année, un salaire obligé, appelé *droit*, à une partie infiniment petite de la population en prenant où? Dans le trésor de tout le peuple. Voilà le vrai. Eh bien! Messieurs, en présence d'une telle situation, permettez-nous, à nous qui voyons tous les intérêts, ceux qui sont d'un côté et ceux qui sont de l'autre, de chercher à vous arrêter et de vous dire de les peser. Ce trésor dans lequel vous puisez, c'est un trésor qui n'est pas inépuisable, qui est très-limité, qui est celui du pauvre, et nous faisons appel, non plus à votre humanité, mais à quelque chose de plus élevé, à votre justice.

www.ingramcontent.com/pod-product-compliance
Lightning Source LLC
LaVergne TN
LVHW050318030726
842520LV00005B/1653